DE

L'HÉRÉDITÉ

DU

POUVOIR.

PAR

Alexandre WEILL.

Si c'est vrai, cela sera.
Si c'est faux, cela passera.

PARIS,

CHEZ DENTU,   A LA LIBRAIRIE,
Palais-National.   Passage du Grand-Cerf;

Et chez tous les Libraires de France et de l'étranger.

1849.

DE
L'HÉRÉDITÉ
DU
POUVOIR.

Paris. — Imprimerie de J.-B. GROS, rue du Foin-Saint-Jacques, 18

DE
L'HÉRÉDITÉ
DU
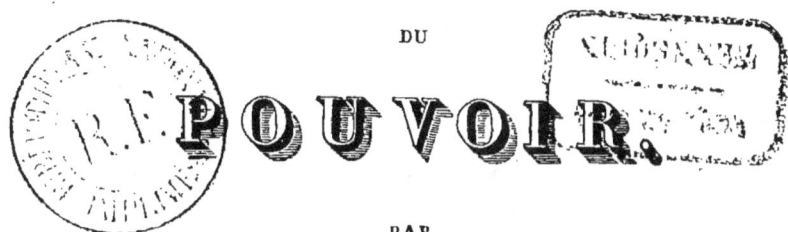
POUVOIR.

PAR
Alexandre WEILL.

Si c'est vrai, cela sera.
Si c'est faux, cela passera.

PARIS,

CHEZ DENTU,   A LA LIBRAIRIE,
Palais-National.   Passage du Grand-Cerf;

Et chez tous les Libraires de France et de l'étranger.

1849.

En temps de révolution, temps de lutte entre les partis, de batailles entre les intérêts, la vérité, comme le soleil, gêne les combattants. Ne pouvant la regarder en face, de peur d'en être ébloui, ils se rangent de façon à lui tourner toujours le dos. Heureusement, à côté des hommes de parti et de domination, il en est d'autres, dont l'unique ambition consiste à faire leur devoir; dont toutes les aspirations tendent vers le beau, le noble et le bien; des hommes, enfin, qui, à toutes les gloires fugaces du pouvoir et de la popularité, préfèrent celle de chercher le salut de la patrie et de dire la vérité à tous, aux dépens de leurs intérêts, au risque même de leur vie. C'est dans les rangs de ces derniers que je désire prendre ma place.

Un saint frisson me saisit quand je prends la plume pour parler de la chose sacrée du public. Je ne cherche que la vérité, je ne désire que le bien de mon pays et de tous mes concitoyens sans exception. Je repousse toute idée de violence et de provocation. Tout ce que je propose, je ne le demande et ne le crois possible que par des voies légales. Si je suis dans la minorité, je tâcherai de convertir mes adversaires par la force du raisonnement, par la vigueur de la logique, tout en me soumettant aux lois de la majorité. Je peux me tromper, mais, en tout cas, mon erreur est sincère. Je ne vise ni au bruit, ni au martyre. Je l'ai déjà dit ailleurs : Je n'appartiens, à aucun parti ; je ne demande, je ne demanderai jamais à mon pays que la liberté de gagner ma vie par mon travail ; mais nulle puissance sur cette terre, ne m'empêchera de dire ma pensée, toute ma pensée ; non pas parce que c'est un droit acquis avec l'intelligence venant d'en haut, mais parce que c'est mon devoir ; parce qu'avec la qualité d'écrivain, Dieu m'a sacré prêtre de la vérité, aux dépens de mon existence. Si petite que soit ma mission, je la remplirai jusqu'au bout. Après tout, il vaut mieux être le dernier des lions que le premier des renards !

Depuis soixante ans, la France, malgré les améliorations sociales de la révolution de 89, est en décadence permanente. D'une première puissance qu'elle était, elle est devenue la troisième, sinon la quatrième ; car, grâce aux nouvelles réformes de l'Autriche, proclamant l'égalité des droits et l'homogénéité des nationalités ; grâce surtout à la légitimité de son pouvoir héréditaire, la France bientôt ne viendra qu'après l'Autriche.

La France révolutionnaire a perdu sa marine et ses colonies. Un instant gonflée, grossie par les conquêtes de l'Empire, elle a fini par perdre même une partie du territoire conquis par Louis XIV...

Même phénomène à l'intérieur. Malgré les apparences de progrès, la France a toujours décliné. Depuis soixante ans, elle n'a que des intermittences de bonheur, de rares lueurs de prospérité; semblable à un fou forcené, qui a des moments lucides.

Le fou, c'est le démon révolutionnaire.

Les moments lucides, ce sont les différents pouvoirs héréditaires.

C'est durant un de ces moments, sous la Restauration, que la France a fait la conquête de l'Algérie.

On dirait une maxime de bon sens prononcée par un aliéné qu'on croit guéri, et qui, l'instant après, a un nouvel accès de rage.

Une première banqueroute, provoquée et précipitée par la *Convention* — car elle aurait pu et elle eût été évitée, si la France avait défendu et maintenu la constitution de Louis XVI — sera probablement suivie d'une seconde faillite d'État ; à moins que la rage révolutionnaire, qui s'est emparée de la nation française, ne soit par elle cautérisée et brûlée jusqu'au vif.

Les dépenses vont toujours croissant, les recettes diminuant. Le pays a beau changer de caissiers et de ministres ; il aurait beau appeler à son secours tous les médecins financiers et administratifs, il n'en guérirait pas davantage. Est-ce qu'un perclus marche mieux en changeant de béquilles, ou bien en les augmentant ?

Jusqu'à présent le mal est intérieur. La liqueur est infectée ; mais le vase, à part quelques fêlures, n'a pas trop souffert. Bientôt, hélas ! la France même sera atteinte dans son territoire. Encore quelque temps de ce régime, et le pays, déchiré par les factions, se disputant le pouvoir, non pour

1.

gouverner, mais pour *régner,* sera inévitablement la proie des nations, possédant un pouvoir uni, stable, héréditaire, pour qui le mouvement des idées, ne portant que sur des réformes administratives, est nécessairement une source de progrès, de croissance et d'agrandissement.

Oui, nobles et fiers descendants des Francs et des Gaulois, le sort de la Pologne vous attend, si vous ne vous arrêtez pas sur la pente des révolutions ; si, tournant même le dos à l'abîme, vous faites une halte à mi-chemin avant d'avoir franchi la crête du pouvoir héréditaire. Avec le pouvoir électif, toutes vos forces s'épuiseront dans des querelles de personnes et de partis. Tandis que d'autres peuples se poseront facilement la question : *Comment* l'on doit gouverner, vous passerez des années entières à disputer sur la personne *Qui* doit régner. Eux s'occuperont des choses à faire, qu'ils feront ; vous vous occuperez à faire des hommes qui ne feront rien. Ils agiront, vous vous

agiterez. Ils useront, vous abuserez de tout.
Pour eux enfin, le mouvement organisé sera un
germe fécond de vie et de prospérité. Vous, au
contraire, avec votre mouvement fébrile, perpé-
tuel, et partant stérile, vous ressemblez à des
taupes qui remuent continuellement la terre, em-
pêchant toute semence de germer, dans l'espoir
de voir éclater le jour.

Malheureux ! Ce ne sont pas les rayons du jour
qui vous manquent, mais les yeux !

Toutefois, c'est déjà remédier au mal que d'en
indiquer les causes. Si je suis trop impuissant pour
éloigner ces causes, d'autres plus forts, plus
puissants, plus heureux que moi, parviendront au
but ; je trace un sillon, que d'autres creuseront
plus profond. Je sème un grain qu'ils cultiveront
avec plus de succès, pour en moissonner les gerbes.

Non, la France ne périra pas. Dieu protège la
France !

Il est des questions politiques simples, mais de premier ordre, qui ont besoin d'être traitées comme un théorème algébrique. Celle du pouvoir est du nombre.

Tout le monde convient que la durée et la prospérité de l'état reposent sur l'ordre et la liberté. C'est un lieu commun, c'est-à-dire une vérité universelle.

Or en voici le catéchisme arithmétique.

L'ordre est-il possible sans la liberté ?

— Oui. Témoins les gouvernements absolus, soit républicains, soit monarchiques.

La liberté est-elle possible sans ordre ?

— Non. Puisque partout la liberté sans ordre dégénère en chaos et anarchie.

Qu'en conclure ?

Que l'ordre n'est pas le fils, mais le père de la liberté.

Poursuivons. La logique est l'algèbre de la politique.

Qui représente l'ordre ?

Le pouvoir ?

Pardon, si je continue d'employer la forme de catéchisme. Depuis cinquante ans, les erreurs et les folies révolutionnaires ont tellement perverti les esprits, qu'il faut les traiter en enfants, pour les rendre accessibles à une vérité simple et juste.

Qu'est-ce que le pouvoir?

Là est la vraie question. Là le chemin se bifurque en deux voies : l'une, large et grande, allant droit au but, arrive *au pouvoir héréditaire* ; l'autre, procédant par détours, arrive, à travers des fondrières et des abimes, *au pouvoir électif.*

Il faut donc prouver tout d'abord, par l'histoire, la raison et la logique, que le pouvoir électif ne représente pas l'ordre.

Tout le monde admet qu'il est un Dieu, et que, s'il n'était pas, il faudrait l'inventer. Les athées ne nient Dieu que pour mettre leurs personnes à sa place. L'athéisme c'est l'anthropomorphisme, qui, lui-même, est une branche de l'idolâtrie. En d'autres termes, l'athéisme c'est l'égoïsme, l'orgueil déifié, le démon fait Dieu. Il en est absolument de même du pouvoir représentant Dieu, c'est-à-dire l'ordre dans une partie de l'univers,

qu'on appelle : *État*. Seulement Dieu existant toujours, n'a pas besoin d'être inventé ; tandis que le
pouvoir, représenté par le génie, n'existant pas
toujours, les hommes l'ont inventé *éternel* en le
déclarant *permanent* par l'*hérédité*. Pour le nier,
il faut être athée politique, c'est-à-dire, sacrifier
toute une société à son orgueil, résultat de l'ignorance, ou à sa personnalité, résultat de l'orgueil.

L'hérédité seule, en effet, représente l'ordre
sans solution de continuité. Sans cet ordre in-
carné, rien ne peut exister. Qu'importe qu'il soit
représenté par un génie, un homme, une chose,
un signe ! Un siége même, un trône y suffit. L'es-
sentiel, c'est que l'idée de l'ordre soit toujours
présente, permanente et intacte, afin que, par ses
rayonnements, on reste sur le chemin de la
liberté.

Qu'on adore Dieu en juif, catholique ou protes-
tant, il est et restera toujours ce qu'il est. Il en est
de même de l'ordre qui *règne*. Planant au-dessus

des partis, il s'inquiète peu qu'on *gouverne* au nom de l'aristocratie, de la bourgeoisie ou de la démocratie, pourvu qu'il reste toujours ce qu'il est. Quand des astres se touchent il en sort des étincelles; mais que le soleil soit atteint ou changé, non-seulement il n'y aura plus de jour, mais il n'y aurs plus ni lune ni étoiles pour éclairer la nuit.

Le pouvoir donc représentant l'ordre doit être immuable, inviolable, c'est-à-dire chose sacrée et éternelle comme la divinité.

Mais si le pouvoir, comme tel, règne, la liberté doit gouverner.

Le pouvoir comme règne, c'est l'hérédité. La liberté, comme gouvernement, c'est l'élection, représentée par le suffrage universel.

La liberté, en effet, n'est pas immutable. Elle ne peut pas, comme l'ordre, imiter Jéhova disant: *Je serai toujours ce que je suis.* La liberté change selon les intérêts, le temps, le climat et les mœurs des peuples. L'ordre n'est pas local. Il est ubiquiste, toujours comme la divinité dont il émane. La liberté, au contraire, est le fruit du sol et des mœurs. Elle change de face, de besoins et de langage. Aussi est-elle représentée par l'élection qui est le changement, c'est-à-dire le progrès, la transformation en permanence.

En d'autres termes, l'élection, par le suffrage universel, c'est la démocratie; le pouvoir par l'hérédité, c'est la monarchie.

Et comme l'ordre seul, représenté par le pouvoir héréditaire, peut dégénérer en despotisme, il doit être nécessairement tempéré par l'élection représentée par la démocratie et la liberté.

EN SORTE QUE L'ORDRE RÈGNE ET QUE LA LIBERTÉ GOUVERNE.

———

Voyons maintenant les objections. J'espère n'en omettre aucune :

Puisque le génie représente l'ordre, pourquoi ne pas admettre le pouvoir électif, afin que le peuple vote toujours pour un homme de génie?

C'est que précisément jamais homme de génie n'a été et ne sera élu chef du pouvoir par la masse, à moins que, soit par la force, soit par l'hérédité, il n'occupe déjà le pouvoir de fait.

D'ordinaire la masse ne crée le pouvoir qu'à son image.

Or, la majorité des hommes n'étant guère des

génies, une médiocrité l'emportera toujours sur un homme de premier ordre. Le peuple a des instincts divins pour les principes d'ordre, mais l'individu seul a du jugement et de la raison. La masse, c'est le troupeau du Seigneur ; le génie, c'est le gardien qui s'impose. Qu'on me permette d'abord une comparaison du bon vieux temps de Lafontaine. Les preuves historiques viendront après.

Consultez un troupeau de moutons s'il lui faut un berger et un chien, il y aura unanimité. Mais que sans la volonté du berger ces mêmes moutons soient appelés à se prononcer entre le chien et le loup, qui sont de la même race, il y a cent à parier contre un, qu'ils se prononceraient pour le loup avec son air hypocritement modeste, d'autant qu'il n'aboie pas. Comment ! s'écrierait le loup candidat, vous, pauvres moutons, vous vous laisserez dominer par un berger. Vous ne savez donc pas qu'il n'existe que par vous, qu'il se fait des habits de votre laine, qu'il se nourrit de votre lait, en un mot qu'il vous exploite comme un vrai tyran qu'il est.

Comment ! vous voterez pour le chien, l'ami, le commensal de votre oppresseur, qui, sous prétexte de vous garder, partage votre laine et votre lait avec le despote. Non, mille fois non. Plus de tyrannie, plus d'exploitation. Votez pour moi, et au lieu d'être tondus, vous tondrez à votre tour le berger et le chien, et ce ne sera que justice.

Le loup en effet serait cru, le berger serait tondu, le chien chassé ; mais au bout de quelques temps il n'y aurait plus ni laine, ni lait, ni moutons. Il n'y aurait que des loups !

Il en sera toujours de même du vote universel. Consultez-le franchement sur le principe du pouvoir, sa reponse sera bien vite faite. Il votera pour le pouvoir héréditaire ; mais qu'après le principe il se prononce sur les individus, il ne saurait plus à quel loup se vouer.

Où sont dans l'histoire les grands hommes élus et maintenus au pouvoir par le peuple?

Moïse a-t-il été l'élu du peuple juif qu'il a créé et sauvé?

Non. Il s'est imposé; d'abord par son courage et son génie, puis après, par la force des armes. La masse lui a préféré le veau d'or.

Lycurgue a-t-il été l'élu du peuple?

Non. Pour faire admettre ses lois, de roi qu'il était, il a fallu qu'il abdiquât.

C'est que le peuple n'admet le génie, la supériorité d'un homme qu'à condition que cet homme n'ait point besoin de lui ou qu'il le dompte par la force. La masse ne cherchera jamais un homme de génie pour le mettre à la tête du pouvoir; à moins qu'il ne lui soit prouvé que cet homme n'a point besoin de ce même pouvoir pour être grand, ou qu'il ne l'occupe déjà au nom d'un droit reconnu

Poursuivons. David a-t-il été élu roi?

Non. Il était l'élu de Samuel, puis chef de partisans victorieux. C'est lui encore qui a installé Salomon. Tous les rois élus, avant qu'ils ne fussent déjà rois de fait, étaient de grandes médiocrités. Le peuple d'Israël a élu Saül, parce qu'il était le plus bel homme de sa tribu.

Qu'à fait le peuple athénien, d'Aristide, de Thémistocle, de Socrate, de Phocion et même de Périclès qui s'est maintenu pendant quarante ans sans se soumettre à l'élection?

Des exilés ou des cadavres.

Ce même peuple a donné des majorités à Colon et à Hyperbolus, absolument comme le peuple de Paris a voté pour Caussidière et Albert.

Le peuple d'Athènes ne serait jamais mort, s'il avait maintenu au pouvoir ses nombreux hommes de génie, ou s'il avait eu un gouvernement héréditaire.

Sparte, avec deux rois héréditaires et des lois anti-civilisatrices, a vaincu toute la Grèce et a duré cinq siècles, juste aussi longtemps que l'hérédité de son pouvoir n'a pas été contestée.

Du moment que la démocratie n'a plus observé la loi de l'hérédité, son seul et unique palladium ; du moment que la liberté dans son ivresse a cru pouvoir se passer de l'immutabilité du principe d'ordre, Sparte fut perdue et toute la Grèce courba la nuque sous le pouvoir héréditaire de Philippe de Macédoine et d'Alexandre, qui fut grand, parce qu'il n'avait pas besoin des votes du peuple d'Athènes.

Le peuple de Rome flotte continuellement entre l'anarchie et la dictature.

Il se prononce tour à tour pour Sylla, Marius et Crassus ; trois scélérats, dont deux médiocrités, qui, à eux seuls, ont commis plus de crimes que tous les rois héréditaires réunis.

Entre César et Pompée, le peuple ne sait à quel loup se vouer.

Si ces hommes eussent été portés comme ministres d'un pouvoir héréditaire et inviolable, ils n'auraient fait que le bien. Comme représentants du pouvoir même, ils étaient condamnés au mal, précisément parce que leur règne était le résultat de la violence et non du droit. Comme principe de liberté, ils eussent pu gouverner ; comme principe d'ordre, il leur était impossible de régner.

Maintenant, qui a choisi de grands hommes pour ministres ? Est-ce le peuple ? Jamais.

Ce n'est pas le peuple qui aurait voté pour

Colbert. C'est Henri IV qui appelle et maintient Sully, malgré la majorité gouvernementale d'alors. Louis XIII lui-même supporte et maintient Richelieu. Le peuple a insulté Molière, en s'opposant à son enterrement religieux.

Où sont les grands penseurs, les grands hommes d'État vivants, favoris de la masse? Elle n'a jamais aimé et porté que des tribuns violents ou des médiocrités mielleuses. Son génie, comme vote, va jusqu'à l'homme de la guerre. Le peuple adopte le génie quand il s'impose par la force du fait accompli. Jamais il ne le portera au pouvoir par l'élection.

Pourquoi, m'objectera-t-on en second lieu, pourquoi l'Amérique marche-t-elle avec un pouvoir électif?

C'est que les nations commencent comme elles finissent et finissent comme elles commencent.

Elles commencent presque toutes par le pouvoir électif et elles finissent de même.

2

C'est l'enfance et la vieillesse.

Ce qui est l'enfance pour l'Amérique, serait pour la France, la décrepitude.

Les défenseurs du pouvoir électif, pour une nation du continent, se trompent en ce sens qu'ils prennent la vieillesse pour une seconde enfance.

Tous les peuples sauvages commencent par le pouvoir électif. A mesure qu'ils se civilisent, le pouvoir devient héréditaire. Ceux qui n'ont pas adopté l'hérédité ont tous disparu ; ceux qui ne l'adopteront pas périront par l'anarchie et la guerre civile.

Aucune nation n'a été détruite aussi longtemps que le pouvoir y a été héréditaire et incontesté. La perte des nations date partout du moment où la guerre civile éclate entre ceux qui veulent se partager le pouvoir non pour *gouverner*, mais pour *règner*.

L'Angleterre changeant de religion a changé de dynastie, mais elle a conservé l'hérédité, qui est à la fois son bouclier et son glaive. Avec le pouvoir électif elle n'existerait pas un demi siècle.

Encore, pour donner à la nouvelle hérédité de l'Angleterre la force et le pouvoir de faire le bien, a-t-il fallu que toute cause de guerre civile disparût par la mort du prétendant. Une seconde bataille de *Culloden;* encore une victoire de guerre civile, et la Grande-Bretagne eût été tôt ou tard ruinée, dépecée, dévorée. Si Napoléon avait eu un Stuart à opposer à Pitt; s'il avait pu porter la guerre civile en Écosse et en Irlande, jamais soldat anglais n'aurait foulé le sol espagnol et français. Si l'Angleterre avait encore un prétendant légitime, elle n'aurait déjà plus les Indes.

L'antiquité, répondra-t-on, a cependant existé, tant bien que mal, avec un pouvoir électif.

Oui : c'est précisément parce qu'au commencement de la civilisation le pouvoir électif a été possible, qu'il ne l'est plus aujourd'hui.

En effet, les républiques de l'antiquité n'ont été ni commerçantes, ni industrielles, ni pacifiques. Le travail y était représenté par l'esclavage. Les relations internationales reposaient sur le droit du plus fort. Or, pour faire la guerre, soit offensive, soit défensive, il ne faut pas d'*ordre*, mais de la *discipline;* c'est-à-dire de l'obéissance passive.

Le peuple devine partout bien vite le *despote*, mais rarement le *roi* qu'il lui faut. De plus, il aime à pouvoir imputer les revers de guerre à ses chefs, afin de sauver l'orgueil national; ce qui fait, qu'il n'adopte ses héros qu'autant qu'ils ont du bonheur. Il ne juge pas l'homme, mais son succès. Est-ce que le peuple français aurait donné cinq millions de voix à Napoléon le lendemain de la bataille de Waterloo? Jamais!

Cependant, ce n'était pas le génie de l'Empereur qui avait baissé, mais son étoile.

Il n'en est plus de même d'une nation industrielle, littéraire et commerçante, dont le premier principe d'existence est l'ordre permanent, seul garant de la liberté. La prospérité d'une nation repose sur la propriété et le crédit. La propriété, c'est le travail garanti d'hier ; le crédit, c'est le travail assuré de demain. Or, rien n'est garanti avec un ordre mis en doute tous les quatre ans ; rien n'est assuré avec un ordre qui dépend de la vie d'un homme, cet homme s'appelât-il Charlemagne ou Napoléon. Il est impossible de bâtir une maison sur un sol mouvant. Il est impossible de compter sur un pouvoir qui change tous les quatre ans et qui, un beau matin, peut disparaître sans aucun remplaçant.

Le pouvoir est et doit être une abstraction. L'homme qui en est investi n'est pas un individu

mais une incarnation, le grand prêtre de l'ordre.
Dès qu'un homme, si fort qu'il soit, représente le
pouvoir, il l'avilit. C'est un soleil sans rayons, un
prophète sans auréole. Dès qu'un homme représente le pouvoir, qu'il s'appelle président ou roi,
l'ordre de l'état dépend de tout ce qu'il y a de plus
bas, de plus périssable dans l'homme, d'un ca-
price, d'une indigestion, d'une chûte de cheval,
d'un grain de sable dans l'urétère, comme chez
Cromwel.

Le pays qui jouit d'un tel ordre ne produira jamais que des hommes sans caractère et des choses
sans durée.

Washington, Franklin, Jefferson étaient les
hommes nés et élevés sous l'ordre héréditaire, absolument comme les grands caractères républicains de 89.

Mais où donc sont les grands hommes produits

par l'Amérique depuis qu'elle a un pouvoir électif? Que lui doit l'Europe en échange de la liberté
qu'elle lui a enseignée? Rien ! sinon l'exemple de
l'esclavage.

On juge l'arbre d'après le fruit.

Eh bien, qu'on me cite depuis quarante ans de
l'Amérique un seul fait qui soit digne d'être con-
signé dans l'histoire de l'humanité; qui, en un mot,
prouve l'origine divine de l'homme?

Nation de plagiaires impuissants , l'Amérique
n'a ni histoire, ni littérature, ni science, ni poé-
sie. On dirait une vieille âme de mercier dans un
jeune corps.

Attendez ! me crie-t-on, attendez ! L'Amérique
n'a pas encore donné la mesure de ses forces. Je
l'espère. *Quand elle la donnera, elle aura un pouvoir héréditaire.* Si elle était sur le continent, ce
serait déjà fait, car elle risquerait d'être dévorée

par les autres nations, qui ne se contentent pas de vendre des esclaves, du coton, et de contrefaire des journaux anglais.

Il est facile de vaincre une république anarchique comme celle de Mexico ; mais que ses Polk et ses Taylor essaient une fois de se frotter, en pays étrangers, contre des Windischgraetz, des Radetzky et des Bugeaud.

J'arrive à une autre objection qui est presque devenue banale.

On dit que le suffrage universel n'a jamais le

droit d'instituer un pouvoir héréditaire, parce que ce serait abdiquer ; parce que la génération d'aujourd'hui n'a pas le droit d'engager l'avenir des générations futures.

On admettra, j'espère, que la généraration actuelle est la mère de celle à venir, et que les hommes qui instituent un gouvernement, en leur qualité de pères, ont le droit légitime qu'a un père sur son fils. Ni plus ni moins. Or quel est ce droit ? J'apprends à mon fils un état que je crois utile pour son avenir. Suis-je coupable d'avoir usurpé ces droits ? Ce fils peut-il me dire à l'âge de vingt ans que je l'ai trompé ? Non ! libre à lui d'exercer un autre état. Quant à moi, j'ai fait mon devoir.

Comment ! il me serait défendu d'enseigner à mon fils que la terre tourne, parce que lui pourrait un jour trouver une autre cause au jour et à la nuit ?

Mon fils, lui dis-je encore, pour vivre il faut de l'air, pour prospérer il faut de l'ordre, pour habiter une maison il faut qu'elle soit bâtie sur un terrain solide, et qu'il y ait un toit. Aussi ai-je pris ton héritage, c'est-à-dire le fruit de mon travail, pour te bâtir une maison selon les règles que je t'indique ; faudrait-il que je m'abstîns parce que ce fils, une fois grandi, pourrait vouloir s'amuser ou être assez sot pour bâtir une maison sans fondement, pour gaspiller son temps et sa fortune dans l'inactivité et les passions, ou bien encore vouloir essayer de vivre sans respirer l'air ?

C'est absolument ce que fait le suffrage universel d'aujourd'hui au suffrage universel de demain.

Mon fils, lui dit-il, de cruelles expériences m'ont appris que pour prospérer il faut un gouvernement d'ordre et de liberté. Ces deux éléments sont aussi nécessaires à l'état que l'air et le mouvement à l'individu. Les mêmes expériences m'ont encore appris qu'une monarchie sans liberté dégénère en despotisme, de même que la démocratie sans pouvoir héréditaire dégénère en anarchie et guerre civile. Après avoir passé par une série de tâtonnements, d'épreuves, de calamités, de guerres et de malheurs, j'ai découvert cette vérité : que pour bien instituer un gouvernement, il faut d'abord une base héréditaire pour l'ordre et le système électif pour la liberté.

Je te lègue un tel gouvernement, que j'ai aidé à fonder après bien des peines, des chagrins et des pertes ; conserve-le comme la prunelle de tes yeux. Libre à toi de le changer, libre à toi de faire de nouvelles expériences. Quant à moi, je te prédis des malheurs sans fin, peut-être la mort et le néant ; à moins que par ton génie, par des lois divines nouvellement découvertes, tu ne parviennes à créer un gouvernement absolu, soit électif, soit héréditaire. C'est ton affaire. Quant à moi, je prends Dieu à témoin que j'ai fait mon devoir, que j'ai exercé un droit divin et que j'aurais été mauvais père, mauvais citoyen, si je ne l'avais pas fait.

Oui, le père d'aujourd'hui serait coupable et lâche s'il ne faisait pas tout son possible, s'il n'employait pas toute sa raison, tout son courage, pour léguer à son fils, par des voies exclusivement légales, un gouvernement fort et stable, libre et grand, à moins que ce père ne préfère n'avoir pas de fils du tout, arrêter le temps, l'histoire et l'éternité, de peur d'être appelé *Réactionnaire.*

Non seulement le suffrage universel doit et peut instituer un pouvoir héréditaire, mais encore, sans ce pouvoir, le suffrage universel ne jouira et ne saura jouir de ses droits.

C'est ce qui me sera facile à prouver.

Nous savons que le suffrage universel représente la liberté.

Si l'on demande pourquoi il représente la liberté plutôt que l'ordre, je répéterai, — car le vrai n'a pas besoin d'être nouveau, — que l'ordre immuable tourne, comme la terre, autour de son axe, et qu'il est le même dans tous les temps, dans tous les pays. La liberté, au contraire, variable dans la nature, depuis le brin d'herbe jusqu'à l'Alpe, change selon le pays et le terrain. Cette liberté variable n'existe que grâce à l'ordre immuable et régulier des constellations. Il existe à ce sujet une légende rabbinique d'un sens profond.

« La lune, dit le Talmud, était jadis un astre indépendant du soleil; mais, à peine en fonction, elle se révolta pour usurper la place du soleil. Dieu, alors, voyant que toute sa création était compromise par l'égoïsme de la lune, décréta sa chute, afin que, recevant sa lumière du soleil, elle perdît la puissance de troubler l'ordre universel. »

Il en est absolument de même de l'ordre moral et politique.

Etant à la fois le point de départ, le commencement, le centre d'irradiation de la société, l'ordre représente, avant tout, le devoir.

La liberté, au contraire, n'existant et ne se développant que grâce à l'ordre, représente le droit.

En effet, la société repose tout d'abord sur le devoir. Le droit ne commence qu'après l'accomplissement du devoir. La cause primitive de toutes les perturbations politiques est uniquement dans l'interversion du droit et du devoir. Toutes les révolutions se font au nom du droit, qui commence par empiéter sur le devoir et finit par le nier tout-à-fait. L'ordre ne se rétablit nulle part qu'en vertu du devoir, de l'accomplissement duquel découle le droit.

La liberté donc, personnification du suffrage

universel, représentant le droit, ne vient qu'ap ès l'institution de l'ordre, personnification du devoir.

LE DEVOIR RÈGNE D'ABORD : LE DROIT NE GOU-VERNE QU'APRÈS.

Donc le suffrage universel ne saurait jouir de ses droits qu'après l'accomplissement de son devoir, en instituant l'ordre par un pouvoir hérédi-taire. Il ne peut ni le nier, ni le révoquer, sous peine de se suicider.

Est-ce à dire que le suffrage universel soit in-faillible même pour la liberté, c'est-à-dire pour gouverner?

Nullement! Cela n'est même pas nécessaire, aussi longtemps qu'il reste dans ses attributions. Tel qu'il est institué et ne pouvant agir que par délégation, le vote universel commettra encore bien des erreurs; mais le bien s'y trouve toujours à côté du mal. La liberté peut elle-même corriger ses fautes et réparer ses erreurs, tandis qu'une seule atteinte frappant l'ordre, plonge le pays dans un abîme de malheurs.

Il peut y avoir des pertubations et des révolutions dans le gouvernement, dans l'administration et même dans plusieurs provinces ; pourvu que le pouvoir reste intact, le mal sera bien vite réparé.

Il y a dans la nature des tremblements de terre, des tempêtes et des écroulements. Mais quand le firmament craque, quand l'ordre des constellations est troublé, quand le soleil se pervertit, la nature entière menace ruine. Les écluses de l'Océan s'ouvrent et disparaissent ; le continent s'affaisse et s'engloutit, la terre et le ciel s'embrassent dans un déluge de pleurs et les humains, submergés, brisés, écrasés, vont se perdre dans l'immensité du néant.

Une des causes des malheurs politiques est l'ignorance. Les hommes ne se connaissent pas, et parce qu'ils ne se connaissent pas, ils ne s'entendent pas. Le suffrage universel, tel qu'il est pratiqué aujourd'hui, ne porte pas encore de grands fruits, parce que les électeurs ne connaissent pas leurs élus et parce que la masse juge en dernier ressort. Pour que le vote universel rende de véritables et de grands services, il faudrait qu'il fût organisé jusque dans le dernier hameau. Le paysan distingue facilement l'homme de bien et de sens de son village. Il voterait pour lui en connaissance de cause, s'il lui était permis de le nommer. Il faudrait donc que, dans les campagnes, chaque commune, et dans les villes chaque rue pût élire ses électeurs. Ceux-ci, réunis en groupes, et après s'être bien concertés, pourraient élire leurs députés. Il faudrait même que les colléges électoraux fussent établis selon une certaine série de communes et que les électeurs élus fussent astreints à rendre compte de leurs choix à leurs premiers commettants. Il ne faudrait surtout pas qu'on ne pût voter pour un homme de mérite, par la raison qu'on allègue souvent qu'il n'a pas de chances pour arriver.

De faux esprits ont prétendu que le suffrage universel emporterait tôt ou tard le pouvoir héréditaire, ou que le pouvoir héréditaire empiéterait lui-même sur le vote universel pour le supprimer....

De prime-abord, cette assertion ressemble quelque peu à cet axiome : Le meilleur moyen de vivre en paix avec son père et son frère, est — de ne pas en avoir du tout.

Quoi? le vote universel emporterait le pouvoir héréditaire institué par lui ! Dans quel but? Pour régner seul? Autant dire que des colons, après avoir bâti des maisons, vont les démolir pour camper dans la rue.

Est-ce qu'une assemblée souveraine n'est pas cent fois plus dangereuse, plus despotique, qu'un pouvoir héréditaire? Faut-il citer la *Convention*, ou bien les assemblées souveraines de l'antiquité? Point n'est besoin. Absolutisme pour absolutisme, un pouvoir héréditaire absolu est encore préférable à une assemblée absolue. Voltaire l'a déjà dit : Mieux vaut être dévoré par un lion, que par des milliers de rats.

Que le suffrage universel institue un autre pouvoir révocable à côté d'une assemblée, dans ce cas il n'y a qu'un mal, qu'un danger de plus. C'est la guerre civile érigée en loi organique; une machine traînée par deux coursiers, dont l'un tire à droite, l'autre à gauche, dont le plus faible arrête d'abord l'élan du plus fort, jusqu'à ce qu'il en soit écrasé.

D'autre part, le pouvoir héréditaire, loin d'empiéter sur le vote universel, son meilleur pilote, ne songera qu'à la définition régulière de ses attributions et de ses droits. Pour tempérer la première fougue de ses mouvements, il aura, toujours par la même organisation, une seconde Chambre, une Haute-Cour de politique et d'administration. Je l'ai déjà dit, je le répète, Sparte a duré cinq siècles avec ce gouvernement, malgré son Code Draconien, malgré ses lois antipathiques au progrès de la civilisation et contraires à la nature.

Outre que le pouvoir héréditaire, acclamé par le vote universel, ne trouvera pas de levier pour l'ébranler, il n'est pas de son intérêt d'empiéter sur lui. Malheur au pouvoir qui s'installe par des voies illégales! Il périra par le même principe.

Un gouvernement qui ne fait pas le bien, n'a aucune raison d'être et disparaît tôt ou tard. Or, un pouvoir révolutionnaire est incapable du bien ; attendu que, forcément, il songe tout d'abord à sa propre conservation, plutôt qu'à la grandeur, qu'à la prospérité du pays. On ne bâtit pas une ville sur la gueule d'un abîme. Du moment qu'un pouvoir s'établit sur la pente d'une révolution, il roule de chute en chute, de ricochet en ricochet, jusqu'au fond du gouffre.

De Casimir Périer il tombe sur Thiers, de Thiers sur Lamartine, de Lamartine sur Ledru-Rollin, de Ledru-Rollin sur Barbès, de Barbès sur Raspail, de Raspail sur Chenu.

Du moment, au contraire, qu'on s'arrête pour remonter la pente, il faut marcher jusqu'au faîte du pouvoir héréditaire, de peur d'une rechute beaucoup plus dangereuse que la chute première.

Ce n'est pas l'hiver qui détruit les germes et les

3.

fleurs du printemps, mais un givre de mars après une chaleur trompeuse de février.

———

J'arrive enfin à la dernière objection. On a dit et répété à satiété que la forme gouvernementale de la République est chose indifférente, que la révolution de février est avant tout une révolution sociale. Or, il n'est pas de révolution sociale. On transforme, on renverse un gouvernement en quatre jours, en quatre heures même, mais pour transformer une société, quatre siècles ne suffisent pas. La société est pour ainsi dire l'emplacement d'un gouvernement quelconque. Cet emplacement inébranlable peut être chargé de ruines et de décombres, on peut le rendre stérile, mais on ne la renverse pas. Il est vrai qu'il peut être miné, excavé, mais alors le déluge qui monte noie tous les premiers, ceux-là mêmes qui croient lui avoir creusé un lit. C'est une des plus grandes erreurs de croire qu'une révolution puisse produire une amélioration sociale directe, qui ne soit l'effet du temps et de la forme gouvernementale qu'il amène. Une expérience de six mois a prouvé que la révolution de février a fait plus de tort au socialisme que dix-huit années de paix et d'ordre lui ont fait de bien. On a beau répéter que février a émancipé le travail du capital. Erreur. Cette émancipation proclamée avant cette révolution, a été reculée par elle pour longtemps. L'histoire du travail et du capital depuis un an, est absolument l'histoire de l'âne et du cheval.

L'âne succombant sous son fardeau priait son compagnon le cheval de venir à son secours et de lui enlever la moitié de sa charge. Le cheval, égoïste et orgueilleux, loin d'écouter la voix gémissante de l'âne, part au galop, hennissant et regimbant. Qu'arriva-t-il? L'âne succomba. A l'instant le propriétaire arrête le cheval, l'attelle à une charette, y met le fardeau, l'âne par dessus, et voilà le cheval qui traîne tout seul et la charrette et le fardeau et l'âne.

L'âne c'est le travail, le capital c'est le cheval. Celui-ci, il est vrai, expie son orgueil et son impudence ; mais l'âne, hélas! a crevé.

Il n'y a plus de travail. Maintenant, les socialistes sont-ils de force à en créer? Au contraire! Plus il y aura des socialistes, moins il y aura du travail ; plus ils crieront contre l'exploitation du capital, moins il y aura d'argent ; plus l'intérêt de l'argent montera, plus y il aura d'usure et d'exploitation, plus il y aura de misère.

En outre, plus il y aura de communistes, moins

il y aura de quoi mettre en commun. Ils n'ont
qu'à parler, et la propriété perd la moitié de sa
valeur ; ils n'ont qu'à agir, et elle disparaît com-
plétement. Un communiste n'a de valeur qu'au
tant qu'il reste seul. Dès qu'un autre est de son
opinion, il perd la moitié de son prix. Le maître
ne peut exister qu'à condition de n'avoir pas de
disciples. Le communisme, c'est la misère pro-
gressive qui conduit forcément à l'anthropophagie.

Un communiste qui écrit contre le paupérisme,
c'est un plaideur qui crie contre les avocats.
Plus il y aura de plaideurs, plus il y aura d'a-
vocats. Plus il y aura de communistes, plus il y
aura de pauvres. Ce n'est pas en attaquant la
propriété que les pauvres deviennent riches, car
la propriété, comme la bague enchantée, disparaît
dès qu'une main sacrilège y touche. Pour que
la propriété disparaisse, il faut qu'il y en ait tant
qu'elle perde toute valeur. L'émancipation du travail n'est possible que par l'abondance du ca-

pital. Qu'on fasse une fois pour toutes un essai de la communauté. Qu'on mette toute une province avec ses capitaux et son travail en commun. On verra bientôt que le travail forcé, loin de produire du capital, c'est-à-dire du superflu, de la semence d'avenir, ne produira que le strict nécessaire, et que le plus riche des communistes sera cinq fois plus pauvre que le plus pauvre travailleur dans notre société. L'âne crevera plus que jamais, mais il n'y aura plus de cheval pour traîner son fardeau et se charger de sa peau.

Pour organiser le travail, il faut avant tout soutenir et augmenter le capital, qui est le travail accumulé du passé. Pour organiser le capital, il faut du crédit, qui est le travail accumulé de l'avenir. Pour organiser le crédit, il faut l'ordre, seule garantie entre le travail du passé et le travail de l'avenir. Pour instituer l'ordre, il faut un pouvoir héréditaire.

Donc la première chose à faire, c'est d'instituer

un pouvoir d'ordre et de liberté qui inspire la confiance et appelle le crédit. Avant de meubler une maison, il faut la bâtir, l'établir sur des bases solides et l'achever jusqu'à la toiture. Le capital, le travail, le crédit ne forment que l'ameublement plus ou moins riche de l'état politique, qui est la maison.

Encore quelque temps et les vrais socialistes, ceux qui s'attachent aux réformes sociales possibles verront qu'ils n'ont pas ds plus cruelle ennemie que la démocratie. Le socialisme et la démocratie sont deux éléments semblables qui ne s'assimilant pas, s'entredétruisent forcément. *Similia similibus*. Le socialisme pacifique et organisateur ne peut aboutir que dans un pays où le pouvoir solidement établi ne craignant aucune idée, ne servant aucun parti, ne reculant devant aucun homme, est prêt à tout instant à discuter les hommes et les idées, afin d'en prendre le bien et d'en prévenir le mal.

Pour la république démocratique, le socialisme est une trompette de Jéricho; pour le pouvoir héréditaire il deviendra un clairon.

Il n'y a que les contrastes qui s'assimillent et qui produisent le beau, le bien et l'utile.

Il en est de même de tous les républicains. En attaquant le pouvoir héréditaire, non seulement ils compromettent les intérêts du pays, mais ils se méprennent même sur leurs propres intérêts. En effet, dans une monarchie héréditaire, le suffrage universel les éléverait forcément, sinon au pouvoir, du moins à une certaine hauteur, comme contrepoids naturel du principe monarchique. Dans une république démocratique, au contraire, de peur qu'elle ne dégénère en démocratie absolue, le vote universel portera toujours leurs adversaires et les portera directement au pouvoir.

Voyons plutôt ce qui se passe depuis février.

Jamais les républicains n'ont été si bas, si peu influents que depuis l'établissement de la république. Ceux-là même qui ont du talent sont éclipsés, effacés, annihilés. On a dit qu'ils étaient impuissants, nuls, médiocres. Il n'y a point de talent qui tienne contre la logique d'un principe vrai. M. de Lamartine, le général Cavaignac n'ayant pas compris cette force, ont péri. M. de Girardin, lui-même, malgré son génie, malgré son admirable talent administratif n'y tiendrait pas deux mois. M. de Girardin se trompe sur la puissance absolue du génie. Comme opposition, le génie puise sa force dans la faiblesse de l'adversaire ; mais comme organisation, le génie n'a du pouvoir et de la durée qu'autant qu'il donne une forme et insuffle la vie à tous les principes innés d'une nation. Les racines d'une nation sont ses principes de pouvoir et d'ordre. *Principe* veut dire *commencement*. C'est selon ces principes, vrais ou faux, qu'elle se développe. C'est selon la force et la profondeur des racines que se modèlent les troncs et les branches. On peut couper ces branches, au lieu de les élaguer ; c'est-à-dire faire une révolution à la place des réformes — ce qui est déjà un mal — on peut encore les enter, c'est-à-dire changer d'hérédi.é ; mais vouloir extirper les racines, c'est vouloir créer une autre nation ; c'est défricher une forêt de hautes futaies pour en faire un champ de noisettes ou de pommes de terre.

M. de Girardin se trompe encore sur le génie, comme attribution. Le génie n'est pas une *personnalité,* mais une *personnification* ; en d'autres termes, le génie n'est pas un droit, mais un devoir. Un homme de génie ne se dit pas : je veux faire cela, fût-ce le bien, parce que je le *puis,* mais parce que je le *dois.* J'admets que M. de Girardin soit assez fort pour faire marcher le pouvoir électif, pendant son administration, il n'en irait que plus mal après sa retraite. La gloire de M. de Girardin y gagnerait, mais la France, certes, y perdrait. Or, cette supposition même est fausse. Si fort que soit un Gouvernement , *quand le pouvo;r est un homme, cet homme n'a pas assez de pouvoir* pour préparer l'avenir glorieux de son pays, et le fonder sur une base durable et solide. Cromwel sentait bien que son œuvre allait périr avec lui. Napoléon , pour cette même raison , a proclamé l'hérédité de sa race. En vain. Tout ce que les grands hommes d'Athènes et de Rome ont fait pendant leur court règne est tombé en poussière dès qu'ils ont quitté le pouvoir. Où sont les bienfaits laissés à l'humanité par Aristide, Phocion, Épaminondas, Pélopidas, Publicola, Scipion et Caton? La Grèce n'existe que par les écrivains du temps des rois — Homère, Hésiode — et par le le règne de Périclès, véritable usurpateur, puisque, durant quarante ans, il ne s'est pas soumis à l'élection du peuple. Rome, comme centre de l'humanité, date de l'Empire. Auguste, Titus, Marc-Aurèle, sont les représentants de la civilisation romaine. Certes, Néron et Tibère sont d'exécrables tyrans; mais le peuple, sous leur règne,

était, sans contredit, quarante fois plus heureux que sous Sylla, Marius, Pompée et César. Tacite lui-même n'aurait pu vivre sous Marius. S'il avait existé, il aurait été bourreau ou victime ; mais juge — jamais !

Que M. de Girardin me cite donc les grands faits passagers des pouvoirs électifs et de leurs ministres ; je lui laisse le choix entre la Pologne, l'Empire allemand et l'Amérique, me réservant le droit de lui opposer les bienfaits réels et durables des pouvoirs héréditaires.

Il me dira que l'élection porte rarement un homme fort au pouvoir, surtout un homme de paix et d'organisation : c'est vrai. Les assemblées, ainsi que les masses, subissent, mais ne portent jamais le génie. Or, c'est là précisément l'avantage de l'ordre héréditaire. Non-seulement un homme de génie peut naître sur le trône ; non-seulement le pouvoir héréditaire prend souvent pour ministre un homme de caractère et d'initiative, mais encore, dans certains cas, *il peut s'en passer;* tandis que le pouvoir électif, non-seulement meurt dans les mains d'une médiocrité, mais entraîne tout le pays dans sa chute certaine, qui n'est qu'une question de temps.

Je crois, pour ma part, que M. de Girardin, à lui seul, est pour le moins aussi fort que les hommes d'État réunis qui ont gouverné depuis février. Tôt ou tard on sera forcé d'accepter toutes ses idées sur la reforme du budget. Mais dans ce moment M. de Girardin ampute des jambes et des bras à un corps gangréné. Si demain, il était nommé président du conseil, voire président de la République, pourrait-il, grâce à ses réformes administratives, réintégrer le Pape sur son siége, et ordonner en même temps à l'Autriche de quitter à tout jamais la Lombardie, afin de constituer la Confédération italienne? La Russie s'allierait-elle avec la république de M. de Girardin, pour neutraliser l'influence anglaise en

Orient, et pour empêcher l'Autriche de peser trop sur l'Allemagne? La Prusse, la Belgique, les petits États maritimes ne préféreraient-ils pas une alliance, soit avec la Russie, soit avec l'Angleterre, contre la République, qu'avec la République contre l'Angleterre? Ou bien, M. de Girardin, se confiant dans le principe de non-intervention, et désarmant dans l'intérieur, laisserait-il l'Europe monarchique former sa coalition passive contre la République; coalition mille fois plus dangereuse que la guerre ouverte? Avec quel pays le président ou le ministre de la République ferait-il des traités de commerce? Avec l'Amérique? Et si la marine anglaise s'y oppose? Et si l'Angleterre fait une descente en Algérie?

Heureuse la République si elle ne perd que l'Algérie!

Il est vrai que la Suisse pourrait lui rester fidèle.

Je défie un pouvoir électif, en France, de faire un pas sans broncher. Je le défie de vivre, qu'il fasse la paix, la guerre ou rien du tout.

L'Europe régénérée laissera la République de M. de Girardin cuire dans son jus, absolument comme celle de M. Bastide. Le jus serait plus précieux, il grillerait plus fort et plus longtemps mais il finirait, tôt ou tard, par se réduire à zéro.

Que la République, au contraire, se donne un pouvoir héréditaire. A l'instant les intérêts des puissances européennes se divisent et se déplacent. N'étant plus réunis contre le principe révolutionnaire du gouvernement français, les intérêts naturels reprendront le dessus, et la France, dès ce moment, deviendrait la clé de voûte d'une alliance continentale.

Dès que la France n'aura plus à craindre ni guerre civile, ni révolution, elle sera la maîtresse du monde. Dès lors elle peut faire la guerre, c'est-à-dire imposer la paix, désarmer et procéder à la réforme du budget. Dès lors enfin, mais alors seulement, les hommes comme M. de Girardin lui seront utiles et nécessaires.

Pourquoi nous le cacher? On ne guérit pas un mal en le couvrant d'un manteau de pourpre. Avec un pouvoir électif révolutionnaire, la France abdique et fait son testament comme puissance continentale. C'est Charles-Quint qui, de son vivant, prend la mesure de son cercueil et s'y couche pour boire à la santé de la mort. Que le suffrage universel garde son pouvoir électif en guise de mausolée, mais qu'il y grave l'inscription suivante :

Ci-gît la nation française suicidée.

Même pour l'intérieur, le suffrage universel, comme extrême de liberté, ne saurait exister et produire le bien qu'en se réunissant avec l'extrême de l'ordre, qui est le pouvoir héréditaire. Dire que la démocratie absolue peut s'accorder avec un pouvoir électif de quatre ans, c'est méconnaître les lois de la nature. Tôt ou tard, elle dépassera cette ligne neutre et factice pour s'arrêter, soit à l'anarchie, soit au despotisme.

Pourquoi le ferait-elle? me demandera-t-on. *Parce qu'elle le peut.* Un homme, si fort qu'il soit, ne fait pas tout ce qu'il peut. Un homme peut être philosophe et observer le dicton d'Apollon : *Rien de trop.* Encore c'est très-rare. Mais un peuple souverain *fait tout ce qu'il peut.* Un peuple abandonné à sa souveraineté absolue, va, tôt ou tard, jusqu'au bout de l'extrême.

C'est dans ce but qu'il se garde bien de mettre lui-même un homme fort à l'autre extrême, pour le contenir. Les chefs élus par le peuple sont, dans toute l'histoire, des hommes faibles, que la masse élève un instant, sachant bien qu'elle n'a qu'à faire un mouvement pour les renverser. Dans un moment donné, le peuple par ses assemblées se moquera toujours des fictions d'un pouvoir éligible et révocable, à moins que ce pouvoir ne soit pour lui une loi préconçue, une religion, le représentant de ses devoirs et de ses droits.

De ses droits surtout ; car le pouvoir héréditaire

est le seul palladium, l'unique et éternel pré-
servateur des libertés et des droits du peuple.

La majorité des Français, y compris ceux qui
ont de l'esprit, sont si peu logiques, si éloignés
des principes d'ordre de la nature et de la morale,
qu'aux premiers mots du pouvoir héréditaire, ils
vous appellent : légitimiste, réactionnaire, absolu-
tiste. Ils ne comprennent pas qu'aucun principe
n'existe en sa propre faveur ; que l'hérédité du
pouvoir, loin de songer à son intérêt, n'a été créée
que pour la liberté, le progrès et le bonheur des
peuples ; que le républicain exclusif, le bourgeois
révolutionnaire, soi-disant libéral, défendant partout et toujours la démocratie absolue avec un
pouvoir électif, sont les seuls suppôts involontaires
de la tyrannie et du despotisme. Ils ne comprennent pas que tous les malheurs de la France vien-
nent de la violation de ce principe divin, de la rup-
ture de cette clé de voûte de tout état libre et
prospère. Ils ne comprennent surtout pas que

ceux qui défendent ce principe sont de meilleurs patriotes que les républicains exclusifs, non parce qu'ils aiment *plus* leur pays, mais parce qu'ils l'aiment *mieux* qu'eux.

J'ai toujours rendu justice aux démocrates. Il est parmi eux de nobles cœurs qui sacrifieraient tout à la patrie, même leur vie. Mais les plus forts d'entr'eux ne sont, hélas ! que des Samson, prêts à s'enterrer sous les ruines de la France.

Or, il ne s'agit pas de *mourir*, mais de *vivre* pour son pays, et surtout de le faire vivre. C'est ce que les démocrates n'ont jamais su; c'est ce qu'ils ne sauront jamais !

D'autres vous disent que la France a aboli l'hérédité, qu'il ne faut plus y songer, que la Constitution est faite.

Et qui a fait la Constitution? l'Assemblée nationale. Soit. Je la respecte et lui rends justice.

Mais cette Assemblée, ou celle qui lui succèdera, n'a-t-elle pas le droit de soumettre à la sanction du peuple cette Constitution, de la corriger, de la mettre légalement au diapason du pays, dès que la nation en aura reconnu les défauts et les vices ?

Quoi ! il serait défendu de guérir un malade, parce que le médecin, de peur de se contredire, persiste dans une erreur qui compromet la vie de son client ? Comment, il vaudrait mieux, selon le mot de Molière, mourir selon la doctrine que de corriger la doctrine même ?

La France, après tout, maîtresse d'elle, est libre d'élire des représentants qui défendent les principes de sa conservation. Elle peut bien ne plus députer des docteurs entêtés qui, par leurs drogues, l'ont mise à deux doigts de la mort. La France, par le suffrage universel, non-seulement a le droit de revoir sa Constitution, mais encore c'est son devoir, comme je crois l'avoir prouvé. La loi de la conservation du peuple est seule la loi suprême. Tôt ou tard la France sera convaincue que sa liberté, son avenir, sa nationalité dépendent uniquement du pouvoir héréditaire ; que ce principe, loin d'être égoïste, absolu et exclusif n'existe que pour la conservation et l'assimilation de la liberté, fille chérie de l'ordre ; qu'enfin ce principe, comme celui de la divinité, a été, est et restera la source de tout ce qui se fait de bien, de grand et d'immortel dans l'humanité.

Il est étonnant que les hommes auxquels Dieu a donné la nature pour grammaire gouvernementale, aient toujours songé à sortir des règles et à se gouverner en dehors des voies divines simples et toutes faites.

Rien, en effet, n'existe dans la nature que par l'alliance des contrastes. Le moindre atôme est

composé de deux éléments qui semblent s'exclure
et qui s'assimilent, précisément à cause de ces
dissemblances. La journée est une alliance
inséparable du jour et de la nuit ; l'année
est un composé de saisons extrêmes avec leurs
transitions ; l'amour est l'assimilation de deux
sexes différents ; l'harmonie est l'effet de deux
dissonnances ; la couleur est un amalgame de
lrayons divers ; le ciment le plus fort, la chaux, est
a réuuion du feu et de l'eau ; l'homme, enfin,
est un composé du ciel et de la terre, de l'âme et
de la matière. Nul élément absolu ne produit le
bien ; de plus, nul élément ne se conserve que
par son opposé, par son contraste. La nature, en
vérité, n'est qu'une action et une réaction en
permanence. Pourquoi, alors, en serait-il autre-
ment du monde moral ? pourquoi veut-on, contrai-
rement à toutes les lois divines, qu'une forme politique absolue produise le bien et se conserve toute
seule ? Où est la démocratie pure, l'égalité absolue
ui se soit conservée, qui ait pu se maintenir un

instant, qui ait produit du véritable bien? Le pouvoir de la démocratie absolue n'a été nulle part
qu'une machine de guerre, souvent nécessaire,
mais jamais conservateur, producteur, créateur.
Qu'on me montre dans le domaine physique et
moral, excepté Dieu ; qu'on me cite un seul principe, une seule vérité qui ne soit le centre de
réunion de deux faces extrêmes !...

Pourquoi donc la démocratie, afin de créér et
de se conserver, ne cherchera-t-elle point son unique contrepoids, son contraste harmonique dans
l'hérédité du pouvoir? Pourquoi le cœur voudrait-
il exister sans la tête, l'imagination sans la raison? La démocratie, en effet, est le cœur d'une
nation, la monarchie doit en être la tête. Pourquoi enfin ne trouverait-on pas le point de réunion, le centre de gravité entre ces deux éléments faits pour s'allier en un seul, afin de produire le bien, le beau, le noble, le grand, l'utile,
la paix, l'ordre, la liberté, et toutes les prospéri-

tés, et toutes les splendeurs, et toutes les gran-
deurs qui en découlent ?

Se peut-il que des intérêts mal compris, des
consciences mal inspirées empêchent les hommes
de vouloir le bien de tous ? Où est l'intérêt du peuple, des travailleurs, à repousser un pouvoir qui
lui permet de s'occuper largement de son présent
aussi bien que de son avenir ? Pourquoi les partis restent-ils au seuil d'un temple, où il y aurait
place pour tous, si l'on voulait y entrer pacifique-
ment et qui ne peut leur servir que d'ossuaire s'ils
persistent à se combattre devant la porte à la-
quelle les vainqueurs mêmes sont forcés de tourner le dos ? O que la France serait grande et
belle, si un seul jour, une seule heure les Français
écoutaient la voix de la raison et de l'expérience.
Voyez l'Europe. Nulle part vous ne trouverez un
pays aussi uni, aussi compacte, aussi parfait que
la France. Tous les contrastes s'y trouvent réunis.
Elle a la terre et la mer, le nord et le sud, l'oli-

vier et la pomme, la vigne et le froment, elle joint la chaude imagination de l'Orient au jugement froid de l'occident ; elle a une capitale faite pour être le foyer ardent de toutes les idées, de toutes les nationalités. On peut dire sans forfanterie que Dieu, en créant la France, a fait son chef-d'œuvre. Il n'y a qu'un seul fléau, une seule guerre qui empêche la France de remplir toute sa mission, de donner toute la mesure de sa force. C'est la guerre entre la démocratie et la monarchie. Encore quelques années de cette lutte, n'importe de quel côté la victoire se déclare, et la France si riche, si belle, si noble, si ardente pour le bien, sera la dernière des nations, appauvrie, enlaidie, endolorie, déchirée, partagée enfin en tronçons sanglants, dont les membres mourants seuls palpiteront en guise de cœur.

Français ! ouvriers, bourgeois, représentants du peuple, frères et concitoyens, c'est à vous, c'est à votre loyauté, c'est à votre courage d'empêcher ces calamités Soyez vrais, soyez francs, n'ayez pas peur de vos propres pensées, soyez ce que vous êtes, dites ce que vous pensez, faites ce que vous croyez, et vous sauverez non-seulement la France, mais l'Europe, mais l'humanité entière. Vous ne devez, vous ne pouvez pas déchoir. La France n'existe, ne brille qu'au premier rang. Au second rang, elle n'est plus rien. C'est un génie tombé, un dieu déchu.

Devant vous, vous avez la mort et la vie.

La mort, si vous persistez à être exclusifs, à vouloir une démocratie ou une monarchie absolue, c'est-à-dire un cœur sans tête ou une tête sans cœur.

La vie, si vous les réunissez ensemble, pour former un corps, un pouvoir fort et héréditaire, toutes les idées d'ordre de la tête, réunies à toutes les libertés, à toutes les aspirations du cœur!

Choisissez!

OUVRAGES DU MÊME AUTEUR.